BEI GRIN MACHT SICH IHR
WISSEN BEZAHLT

AF143507

- Wir veröffentlichen Ihre Hausarbeit,
  Bachelor- und Masterarbeit

- Ihr eigenes eBook und Buch -
  weltweit in allen wichtigen Shops

- Verdienen Sie an jedem Verkauf

Jetzt bei www.GRIN.com hochladen
und kostenlos publizieren

GRIN

Bibliografische Information der Deutschen Nationalbibliothek:

Die Deutsche Bibliothek verzeichnet diese Publikation in der Deutschen National-
bibliografie; detaillierte bibliografische Daten sind im Internet über http://dnb.d-
nb.de/ abrufbar.

Impressum:

Copyright © 2001 GRIN Verlag, Open Publishing GmbH
Druck und Bindung: Books on Demand GmbH, Norderstedt Germany
ISBN: 9783638644143

Dieses Buch bei GRIN:

http://www.grin.com/de/e-book/15711/entwicklung-einer-software-schnittstelle-
vom-workflowprogramm-powerwork

Andre Hiller

Entwicklung einer Software-Schnittstelle vom Workflow-programm PowerWork 4 zu einer SQL- Datenbank

GRIN Verlag

GRIN - Your knowledge has value

Der GRIN Verlag publiziert seit 1998 wissenschaftliche Arbeiten von Studenten, Hochschullehrern und anderen Akademikern als eBook und gedrucktes Buch. Die Verlagswebsite www.grin.com ist die ideale Plattform zur Veröffentlichung von Hausarbeiten, Abschlussarbeiten, wissenschaftlichen Aufsätzen, Dissertationen und Fachbüchern.

Besuchen Sie uns im Internet:

http://www.grin.com/

http://www.facebook.com/grincom

http://www.twitter.com/grin_com

Hausarbeit

Entwicklung einer Software – Schnittstelle vom

Workflowprogramm PowerWork 4 zu einer SQL – Datenbank

Projektteilnehmer:

Name: **André Hiller**

Studiengang: BWL
Studienfach: Management

Datum: 26.04.2001

Gliederung:

Abbildungsverzeichnis:

Abkürzungsverzeichnis:

Abb.	Abbildung
ADO	Active Data Objects
bzw.	beziehungsweise
COM	Component Object Modell
DAO	Data Access Object
DBMS	Datenbank – Management - System
d.h.	das heißt
engl.	englisch
ODBC	Open Database Connectivity
PC	Persönlicher Computer
sog.	sogenannt
SQL	Structured Query Language
usw.	und so weiter
VBA	VisualBasic für Applikationen

1. Zielstellung

"Entwicklung einer Software – Schnittstelle vom Workflowprogramm PowerWork 4 zu einer SQL – Datenbank" war die Aufgabe für unsere Projektarbeit.

An diesem Projekt arbeiteten wir in der Firma A.

Als erstes werden wir das Workflowprogramm PowerWork vorstellen und wichtige Begriffe, wie z.b. SQL – Server, Exchange Server und Schnittstelle, die mit diesem Programm im Zusammenhang stehen, erklären.

Außerdem stellen wir die zur Lösung der Aufgabe verwendeten Programmiersprachen VisualBasic für Applikationen (VBA) und die Abfragesprache SQL vor.

Anschließend werden wir den Aufbau einer Software – Schnittstelle von PowerWork 4 zu einer SQL – Datenbank, die mit Hilfe von VBA programmiert wurde, beschreiben.

Danach möchten wir zeigen, warum diese Erweiterung der Verwaltungsformulare einen Nutzengewinn für das Unternehmen darstellt und wie dadurch Geschäftsprozesse, die mit Hilfe von PowerWork verwaltet werden, optimiert werden können.

Zum Schluss wollen wir am Beispiel des Geschäftsprozesses "Schadensmeldung" erklären, wie man diese Schnittstelle in einem PowerWork – Formular verwenden kann.

2. Grundlagen

2.1 PowerWork 4

PowerWork Workflow for Exchange hilft dabei, bisher nicht genutzte Rationalisierungs-
potentiale zu erschließen und den Arbeitsablauf in den Unternehmen effizienter zu gestalten.
Diese neue Lösung wendet sich speziell an kleinere und mittlere Unternehmen, die damit
Workflow- Funktionalitäten nutzen können.

In Workflow- Systemen wird der Informationsfluss so automatisiert, dass die Weitergabe,
Bearbeitung und der Abschluss von Arbeitsaufträgen innerhalb strategischer, funktionaler
oder administrativer Geschäftsabläufe erleichtert wird. Je schneller und reibungsloser die
Kommunikation fließen kann, um so geringer sind die administrativen Kosten. Immerhin
treten 80 Prozent der Bearbeitungszeit betrieblicher Abläufe durch ineffektive Transport- und
Liegezeiten auf. Eine leistungsfähige Lösung erfasst alle Geschäftsprozesse, dem Mitarbeiter
stehen die richtige Information in der richtigen Aufbereitung und Anwendung zur Verfügung.
Routinearbeiten und Rückfragen beschränken sich auf ein Minimum. Die einzelnen
Arbeitsschritte sind automatisiert, kontrollierbar und jederzeit abfragbar, es entsteht eine
prozessorientierte elektronische Vorgangsbearbeitung. Einzelne Schritte werden definiert,
modelliert und sinnvoll miteinander verbunden.

Was ist PowerWork for Exchange?

PowerWork for Exchange ist eine nicht proprietäre Workflow Lösung, die auf die
Industriestandards von Microsoft aufsetzt. Der Microsoft Exchange Server dient als
Basissystem bzw. Messaging Plattform. Ein zusätzlicher Datenbankserver ist somit nicht
notwendig.

Das bringt viele Vorteile für den Nutzer mit:
Der Anwender arbeitet in der für ihn vertrauten Office-Umgebung. Die Berührungsängste mit
der vermeintlich neuen Software sind also sehr gering. Alle PowerWork for Exchange
Vorgänge sind in Microsoft Outlook eingebettet. Der Informationsaustausch findet via E-
Mail-System direkt auf den Bildschirmen der beteiligten Mitarbeiter statt. Die
Einarbeitungszeit reduziert sich somit auf maximal zwei Stunden.

Ein weiterer Vorteil ist, dass bestehendes Know-how bezüglich Microsoft Office, VB, VBA sofort eingesetzt werden kann. Aktuelle Informationen sind für jeden an einem Geschäftsvorfall beteiligten sofort erhältlich. Somit sind die Voraussetzungen für schnelle Reaktionen und Entscheidungen gegeben, auch wenn eine Abklärung mit mehreren Personen erforderlich ist.

- PowerWork for Exchange bildet die individuellen Arbeitsabläufe Ihres Unternehmens ab.
- Es enthält Fehler- und Zeitkontrollen,
- informiert über Verzögerungen
- standardisiert wiederholende Tätigkeiten
- erstellt Statistiken und Analysen
- passt elektronische Formulare entsprechend den nachträglichen Datenveränderungen an
- zeigt Ihnen über eine Grafik immer den momentanen Status eines Arbeitsablaufs an
- archiviert automatisch alle Daten

Da Funktionalität alleine noch nicht zum durchschlagenden Erfolg führt, bietet PowerWork for Exchange zusätzlich die Möglichkeit, Geschäftsprozesse zu optimieren.[1]

---

[1] vgl. http://www.PowerWork.de

2.2 SQL – Server

Der SQL Server ist eine Client-Server Applikation, die aus einem Server und zahlreichen Clients besteht.

Während Jahrzehnten bildeten größere Datenbanken das Haupteinsatzgebiet der Großcomputer (sog. Hosts). Datenbank und Steuerung waren zentral, die Benutzer arbeiteten an sog. Terminals, die nicht selbständig programmierbar waren (Master – Salve – Architektur).

Seit persönliche Computer (PC) am Arbeitsplatz verfügbar sind, können bestimmte Funktionen vom zentralen Rechner auf die PC ausgelagert werden; damit kann der zentrale Rechner entlastet werden.

- Der zentrale Rechner (Server) besorgt die anspruchsvolleren und gemeinsamen Dienste, namentlich die zuverlässige Datenhaltung (Datenbank – Dienst).
- Auf dem PC am Arbeitsplatz (Client) werden anwendernahe Dialog- und Präsentationsaufgaben (Benutzerschnittstelle, Grafik, usw.) abgewickelt.

Diese neue Partnerschaft heißt Client – Server – Architektur. Datenbankmäßig ist dies noch immer eine zentrale Lösung, und das Strukturbild bleibt vorerst unverändert.

Zu einer Datenbankanwendung gehören aber nicht nur die Datenhaltung (mit dem DBMS auf dem Server) und die Datenpräsentation (auf dem Client), sondern auch die eigentlichen Anwendungsfunktionen . In Client - Server – Systemen müssen diese Funktionen in geeigneter Form auf die beteiligten Partnersysteme aufgeteilt werden.

Mit der Aufteilung der früher auf den Host – Rechner konzentrierten Funktionen auf Server und Client sind aber die neuen Möglichkeiten zur flexibleren Nutzung der verfügbaren Systemkomponenten noch längst nicht ausgeschöpft. Einerseits kann auch der Client eine selbständige Rolle bei der Datenhaltung übertragen werden, andererseits lässt sich der Komplex der Anwendungsfunktionen verselbständigen.

Technisch ist eine Client – Datenbank – Lösung heute relativ einfach realisierbar, weil die verbreiteten großen DBMS serverseitig über Schnittstellen verfügen, welche eine direkte Kopplung zu kleinen DBMS auf dem Client unterstützen.[1]

---

[1] vgl. C. A. Zehnder, Informationssysteme und Datenbanken, 1998, S. 291

2.3 Datenbank

Was ist eigentlich eine Datenbank?

Für die Speicherung von Daten auf einem Computer gibt es verschiedene Methoden. Die gewählte Art und Weise hängt von dem jeweiligen Daten ab. Die Daten eines Tabellen-kalkulationsprogramms werden anders als die Daten einer Textverarbeitung angelegt. Ein Grafikprogramm oder eine Datenbank verwenden wiederum andere Datenspeicher-verfahren.

Eine Datenbank ist, ganz allgemein ausgedrückt, eine Sammlung von logisch zusammenhängenden Daten, die unter Umständen von verschiedenen Anwendungen und oft von mehreren Benutzern gleichzeitig verwendet wird. Ein relationales Datenbanksystem verwaltet die Daten in mehreren Tabellen, die nach bestimmten Kriterien miteinander verknüpft sein können. Die verschiedenen legt man in der Regel nach Themen geordnet an. Die einzelnen Zeilen einer Tabelle werden als Datensatz (engl. record) bezeichnet. Sie enthalten zum Beispiel alle Informationen zu einem bestimmten Sachverhalt. Ein Datensatz besteht aus mehreren Datenfeldern (engl. fields).

Die Struktur einer Tabelle, d.h. die Anzahl und Art der Spalten, wir bei der Definition festgelegt. Sie lässt sich nachträglich nur noch eingeschränkt ändern.
Dabei wird für jedes Feld, d.h. für jede Spalte der Tabelle, der Name des Feldes und die Art des Inhaltes festgelegt. Ein Feld kann zum Beispiel eine Zahl, einen Text, ein Datum, eine Grafik oder anderes beinhalten. Diese sogenannten Felddatentypen werden entsprechend unterschiedlich in der Tabelle abgespeichert. Eine nachträgliche Änderung des Felddatentyps ist daher in der Regel nicht möglich, bzw. mit Verlust der gespeicherten Daten des Feldes verbunden.

In Abfragen können nach bestimmten Kriterien angeforderte Daten aus einer oder auch mehreren Tabellen zusammengefasst werden.[1]

---

[1] vgl. S. Ende, A. Anfang, Access 97 optimal anwenden, 1997, S. 42-44

2.4 ADO (Activ Data Objects)

Microsoft hat vor einigen Jahren OLE DB als neue Technologie des Datenbankzugriffs auf den Markt gebracht. Diese Technologie zielte nicht nur darauf ab, Daten einfach mit Datenbanken auszutauschen, sondern sollte auch den Zugriff auf Daten ermöglichen, die an einer beliebigen Stelle gespeichert sind. Über die Technologie OLE DB konnte man auf Mail-Nachrichten, Tabellenblätter, Dateien usw. zugreifen - kurz gesagt, auf alles, was in irgendeiner Form mit Daten zu tun hatte. Diese Technologie war eine der ersten, die zur Forschung und Entwicklung des objektorientierten Dateisystems gehörte, das bei Microsoft in den vergangenen Jahren unter der Bezeichnung »Cairo« firmierte.

Wie man sich gut vorstellen kann, ist es bei der umfangreichen Funktionalität, die OLE DB für den Zugriff auf Daten in den unterschiedlichsten Quellen braucht, ziemlich kompliziert, mit dieser Technologie zu arbeiten. An dieser Stelle kommen die ActiveX Data Objects ins Spiel. Das Konzept von ADO stellt praktisch eine zusätzliche Schicht über OLE DB dar, die speziell für den Datenbankzugriff vorgesehen ist.[1]

ADO definiert eine Schnittstelle für offenen und herstellertunabhängigen Datenbankzugriff. Anwendungen können damit per SQL als Standardsprache auf Daten zugreifen. Die Kommunikation mit der Datenbank erfolgt über einen Bibliothekstreiber - in der gleichen Art und Weise wie Windows mit einem Drucker über den jeweiligen Druckertreiber kommuniziert. Je nach der eingesetzten Datenbank kann ein Netzwerktreiber erforderlich sein, um die Verbindung zu einer entfernten Datenbank herzustellen. Die Besonderheit von ADO besteht darin, dass keine Funktion spezifisch zu einem Datenbankanbieter ist. Beispielsweise kann man mit ein und demselben Code - eventuell mit geringen Modifikationen - Abfragen bezüglich einer Microsoft Access-Tabelle oder einer MySQL - Datenbank ausführen. Diese geringen Veränderungen am SQL – Code sind daher notwendig, da die meisten Anbieter proprietäre, dass heißt eigene, Erweiterungen am SQL – Standard vornehmen.

---

[1] vgl. Davis Chapman, Visual C++ 6 in 21 Tagen. Programmierkurs für Einsteiger

2.4 Programmiersprachen

2.4.1 VisualBasic für Applikationen (VBA)

Visual Basic ist eine Programmiersprache für Windows. Die zugrunde liegende Sprache Basic hat eine Reihe von Nachteilen, weshalb sie viele Jahre von professionellen Programmierern gemieden wurde. Microsoft hat nun einen Basic Dialekt entwickelt, der eine Reihe von modernen Eigenschaften hat. Entwickelt man Anwendungen für PCs im kleinen und mittleren Rahmen, kommt man fast nicht um Visual Basic vorbei, da inzwischen alle Office-Produkte mit VBA ausgestattet sind und damit ungeahnte Möglichkeiten offen stehen. Basic hat sich im Laufe der Jahre stark gewandelt. Die ursprüngliche Sprache, die 1963 von John Kemeny und Thomas Kurtz am Dartmouth College entwickelt wurde, hatte nur sehr einfache Sprachelemente. Sie kannte beispielsweise keine Funktionen oder Prozeduren, hatte nur sehr einfache Schleifenkonstrukte und die Steuerung erfolgte mit IF-THEN-ELSE, GOTO und GOSUB. In dieser Form ist Basic eigentlich keine vernünftige Sprache, da zu viele hochsprachliche Elemente fehlten. Da für Basic weitgehend nur Interpreter und kaum Compiler zur Verfügung standen, war Basic auch nicht für laufzeit-kritische Anwendungen geeignet für die man auch eine einfachere Sprache in Kauf genommen hätte. Im Jahre 1991 kam dann schließlich Visual Basic für Windows auf den Markt.

VisualBasic für Applikationen ist die Programmiersprache von Visual Basic. Sie enthält keinen einzigen »Datenzugriffsbefehl« und ist daher von Haus alleine nicht in der Lage, auf eine Datenbank zuzugreifen. Für den Datenzugriff benutzt Visual Basic vielmehr ein allgemeines Prinzip, das grundsätzlich immer dann zur Anwendung kommt, wenn ein Visual-Basis - Programm auf Funktionen zugreifen soll, die sich in anderen Programmen, DLL's oder Systemdateien mit einer sogenannten COM- Schnittstelle befinden: Die Einbindung einer Objektbibliothek, die die Namen von Objekten und deren Eigenschaften, Methoden und Ereignisse enthält. Über den Menübefehl PROJEKT/VERWEISE wird durch die Auswahl der entsprechenden Objektbibliothek die Verbindung zwischen dem Visual-Basis - Programm und einer Datenbankschnittstelle hergestellt. Letztere enthält eine Reihe allgemeiner (Datenbank-)Objekte, mit denen z.B. Datenbankabfragen durchgeführt werden. Grundlage für den Datenbankzugriff ist das Component Object Modell (COM), das als eine Systemerweiterung von Windows unter anderem dafür sorgt, dass sich zwei Objekte in einer Anwendung über Eigenschaften, Methoden und Namen ansprechen können.

VBA, greift auf diese Daten über Objekte zu. Doch diese Objekte führen nicht den eigentlichen Datenbankzugriff durch. Sie sind lediglich Vermittler zwischen dem Programm und dem Datenbank-Management-System, dessen Aufgabe die Verwaltung der Datenbank ist. Es kann eine gigantisch große (und entsprechend teure) Software sein, es kann aber auch ein Miniprogramm sein, das auf eine einzelne Diskette passt. Was ist allen drei Anwendungen gemeinsam? Sie werden mit ein und demselben Datenbank-Management-System (DBMS) ausgeliefert. Dieses DBMS heißt Jet-Engine. Die Jet-Engine ist kein ausführbares Programm, sondern liegt in Gestalt mehrerer Systemdateien vor.. Diese Systemdateien (DLLs) können über ihre Objektschnittstelle DAO, über ODBC und ADO von vielen Programmen aus angesprochen werden – von Visual Basic(VBA), von Java wie von VBScript. Microsoft Access ist lediglich der überaus komfortable Rahmen, in dem sich Jet bedienen lässt und mit dem sich Anwendungen auf der Basis von Jet aufbauen lassen. Da Microsoft Access und die Jet-Engine eng miteinander verflochten sind, ist es für einen Anwender praktisch unmöglich, eine Trennlinie zu ziehen (aus der Sicht eines Anwenders ist dies auch gar nicht erforderlich). Auch für Programmierer ergibt sich diese erst bei näherer Betrachtung. Deutlicher wird der Unterschied bei Microsoft Access 2000, wo die Anwender auswählen können, ob eine neue anlegte Datenbank auf der Jet-Engine (die in der Version 4.0 vorliegt) oder der neuen Microsoft Desktop Engine, der Desktop-Version des Microsoft SQL-Servers 7.0, basieren soll.

Allerdings heißen die Datenbankobjekte nicht etwa »VBA Data Objects«, sondern Active Data Objects (ADO), Remote Data Objects und Data Access Objects (DAO).

OBDC steht für Open Database Connectivity und soll dafür sorgen, dass ein Visual-Basic-Programm (per SQL) auf eine Datenbank zugreifen kann, ohne deren spezifische Besonderheiten zu kennen. Das setzt voraus, dass für die Datenbank ein ODBC- Treiber existiert. Allerdings ist ODBC in erster Linie für relationale Datenbanken gemacht und an SQL als Abfragesprache gebunden. Beispiel für das Öffnen einer ODBC- Datenbank mit ADO:


```
Dim Cn As ADODB.Connection;
Set Cn = New ADODB.Connection;
Cn.Open ConnectionString:="DSN=Biblio"
```


Diese Befehlsfolge öffnet eine sogenannte Verbindung zu der Datenquelle, die über den DSN Biblio definiert wird.[1]

---

[1] vgl. http://www.aboutvb.de

2.4.2. SQL

SQL (Structured Query Language) ist die am weitesten verbreitete Datenbanksprache für relationale Datenbankmanagementsysteme (RDBMS). Sie beinhaltet sowohl Operatoren zur Schemadefinition (z.b. Definition von Tabellen, Views oder Rechten) als auch zur Datenmanipulation, z.b. Einfügen, Löschen oder Lesen von Tupeln einer Tabelle. Dabei werden Datenbankabfragen, im Gegensatz zu navigierenden Abfragesprachen bei hierarchisch oder netzwerkartigen Datenmodellen, deskriptiv formuliert, das heißt es wird lediglich spezifiziert, welche Daten man haben möchte, nicht jedoch wie das Datenbanksystem diese finden kann. SQL kann als sogenanntes Embedded – SQL in verschiedenen Host – Sprachen (z.B. C, Pascal, Cobol) eingebettet werden.

SQL wurde in den 80er Jahren zum De-facto-Standard der relationalen Datenbankwelt und 1986 mit der Normierung durch die ISO (International Organization for Standardization) auch zum De-jure-Standard (SQL – 86). Der SQL – Standard von 1992 bis 1998 war die Norm ISO 9075: 1992 (auch SQL2 genannt). Er ging zum einen auf viele Kritikpunkte bezüglich SQL – 86 und seines Nachfolgestandards SQL – 89 ein und trug zum anderen der Tatsache Rechnung, dass viele Hersteller bereits die Funktionalität ihrer Produkte erweitert hatten.

Neuerungen von SQL2 waren beispielsweise:
- Möglichkeiten der Schemamanipulation (z.B. Löschen von Spalten),
- Dynamic SQL: SQL Ausdrücke können zur Laufzeit der Anwendung dynamisch aufgebaut und dem SQL – Server übergeben werden,
- neue Datentypen (z.B. Date und Time),
- Domain – Konzept: Bestimmung der Wertebereiche von Attributen zur Verbesserung der Konsistenzüberprüfung,
- Generalisierung und Orthogonalisierung existierender Operatoren.

SQL2 ist in 3 Ebenen strukturiert: Entry SQL, Intermediate SQL und Full SQL.
Entry SQL ist bis auf wenige Unterschiede identisch mit SQL – 89, während Intermediate SQL ungefähr die Hälfte der neuen Konzepte von SQL2 umfasst.
Das Auswahlkriterium für diese Konzepte war zum einen, ob sie leicht zu implementieren sind, und zum anderen, ob sie schon teilweise in existierenden Systemen realisiert wurden.
Die SQL – Systeme der meisten grossen Datenbankhersteller haben bereits den Intermediate – Level erreicht. 1998 wurde der neue SQL3 Standard verabschiedet.

Neuerungen von SQL3 sind unter anderem:

- Datenbankprozeduren (sogenannte „Stored Procedures"),
- objektorientierte Konzepte (z.B. Definition von abstrakten Datentypen),
- komplexe Datenstrukturen (z.B. zur Definition von Stücklisten),
- ereignisgesteuerte Datenmanipulation (sogenannte „Trigger") .

2.6. Softwareschnittstelle

Der Anwender, der mit der Schnittstelle kommuniziert, durchschreitet in einer Sitzung mehrere Phasen, wobei er jeweils unterschiedliche Funktionen benötigt. Dabei werden im allgemeinen die Phasen der Anfrageerstellung und -auswertung mehrfach durchschritten, bis das gewünschte Suchergebnis vorliegt. Im Anschluss daran wird ein oder mehrere Trefferdokumente zur Ansicht angefordert. Im folgenden werden die einzelnen Phasen erläutert und die jeweils benötigten Funktionen definiert.

- *Initialisierung*

  Zu Beginn jeder Abfragesitzung muss das Textretrievalsystem auf die Sitzung vorbereitet werden. Der erste Schritt ist, die gewünschten Dokumentkollektionen anzugeben, in denen gesucht werden soll. Daraufhin wird das Kommando zum Start der Datenbank abgesetzt.

  Mit der korrekten Initialisierung des Textretrievalsystems beginnt der

- *Abfrageaufbau*

  Eine Query wird als hierarchisch organisierter Baum von Abfrageobjekten realisiert, dessen Struktur die Abfragestruktur widerspiegelt. Entsprechend den möglichen Operationen sind die Kommandos gewählt. Es muß unterschieden werden zwischen *Erstellungskommandos*, die eine neue Abfrage beginnen, die uninitialisiert oder direkt durch Angabe einer Operation und ihrer Parameter initialisiert sein kann, und verschiedenen *Erweiterungs- und Manipulationskommandos*, die eine Query modifizieren. Eine bereits erstellte Query kann wieder in ihre Einzelteile zerlegt und neu zusammengesetzt werden. Da bei den Kommandos zum Abfrageaufbau auf Portabilität zwischen verschiedenen Textretrievalsystemen geachtet wurde, sind nur gängige Modifikationskommandos erlaubt. Als einziges Erstellungskommando wird die Generierung einer leeren Query benötigt. Aus Komfortgründen werden aber auch kombinierte Kommandos zur Verfügung gestellt, die eine leere Query erzeugen und diese sofort mit einer angegebenen Operation füllen. Bei einer einmal erstellten Query hat man die Möglichkeit, weitere Terme oder Teilqueries mit einer Verknüpfung wie AND, OR etc. hinzuzufügen. Durch die Implementierung der angegebenen Kommandos sowie einfachen Plausibilitätstests kann sichergestellt werden, daß eine an das TRS abgesetzte Anfrage zumindest keine Syntax-Fehler mehr enthält.

  All diese Kommandos sind im zweiten Teil bei der Beschreibung der Query-Methoden genau definiert.

- *Abfrageanstoß*

Nach Beendigung des Anfrageaufbaus wird das Kommando zur Auswertung der Anfrage gegeben. Als Ergebnis einer solchen Anfrage wird zunächst die Anzahl gefundener Treffer zurückgeliefert. Diese Information ist zunächst ausreichend, da sie direkt nach der Suche zur Verfügung steht und das TRS nicht zusätzlich, z.b. mit der Suche nach bestimmten Dokumenten, belastet.

- *Ergebnisverarbeitung*

Die Trefferzahl erlaubt es, eine Entscheidung über das weitere Vorgehen zu treffen. Sollten z.b. keine oder zu viele Dokumente gefunden worden sein, ist direkt eine Einschränkung bzw. Erweiterung der Query vorzunehmen; wenn die Trefferzahl im überschaubaren Bereich liegt, kann man die Resultatlisten anfordern.

Die Resultatlisten sind das erste Kontaktglied zu den gefundenen Dokumenten. Sie enthalten Basisinformationen, anhand derer die geeigneten Dokumente zur Vollansicht ausgewählt werden können. Es muss also eine Funktion zur Übergabe dieser Liste existieren. Da es aber auch gewünscht sein kann, z.b. bei großen Treffermengen, nur die ersten x Resultate zu erhalten, sollte auch dafür eine Funktion zur Verfügung gestellt werden. Zusätzlich zu den Funktionen, die durch die Abfrage gegeben sind, muss auch die Resultatliste selbst über bestimmte Manipulationsfunktionen verfügen. Diese sind in der Klasse 'Resultatliste' zusammengefasst.

Nach der Anforderung einer Resultatliste können einzelne Dokumente zur Vollanzeige ausgewählt werden. Der Aufruf der Schnittstelle sieht dafür nur einen Aufruf vor (getDoc: x); wichtiger als dieser ist jedoch die strukturierte Anzeige des Dokuments. Dazu wurde, wie schon erwähnt, eine eigene Klasse 'Dokument' geschaffen, die entsprechende Funktionen zur Verfügung stellt.

Wenn eine Anfrage verändert bzw. eine neue Anfrage gestartet werden soll, muß dem TRS mitgeteilt werden, dass es alle zu dieser Anfrage gehörenden Datenstrukturen freigeben kann. So wird der unnötige Verbrauch von Systemressourcen verhindert.

- *Sitzungsende*

Am Ende der gesamten Sitzung muss dem Datenbanksystem mitgeteilt werden, dass keine Anfragen mehr folgen und es seine Datenstrukturen und eventuell erzeugte Prozesse jetzt beenden kann. Dazu wird ein 'close' - Kommando über die Schnittstelle abgesetzt.[1]

---

[1] vgl. http://theseus.ubka.uni-karlsruhe.de/theseus/publikationen/ralf93/node49.html

3.   Entwicklung der Schnittstelle

3.1   Tests in VBA

In unserem Projekt war, wie bereits in der Zielstellung erwähnt, eine Schnittstelle zwischen dem Workflowprogramm PowerWork 4 und dem Microsoft SQL – Server 7.0 zu entwickeln. Als ersten Schritt bei der Entwicklung haben wir eine Schnittstelle mit dem Programm VisualBasic 6.0 zu einer Access Datenbank programmiert, um Tests, beispielsweise für Treiberangaben oder Pfadangaben vorzunehmen. Im ersten Versuch war dabei die abzufragende Datenbankdatei auf dem selben Rechner, wie das auszuführende Programm mit der SQL – Abfrage. Schritt für Schritt haben wir dann das Script immer weiter ausgebaut. In der weiteren Testphase haben wir die Datenbankdatei auf einen anderen im Intranet der Firma befindlichen Rechner gelegt, und das Script so verändert, dass die Abfrage auch funktionierte. Hierfür war nur eine Änderung des Pfades notwendig. In der letzten Testphase implementierten wir die Datenbankdatei auf den SQL – Server, welchen wir dafür auf dem Technik – Server vorher installiert hatten. Um jetzt die Abfrage durchführen zu können, mussten wir die Anmeldung an den SQL – Server einfügen, den Pfad zur Datei neu definieren und den Treiber auf einen zum SQL – Server kompatiblen Treiber umstellen.

3.2 Umsetzung in PowerWork 4

Vor der Integrierung der Schnittstelle in PowerWork haben wir einen Geschäftsprozess in der Hinsicht analysiert, wo genau es sich anbietet Abfragen einzubauen. Für unser Projekt wählten wir beispielhaft den Geschäftsprozess „Schadensmeldung".

Dieser Geschäftsprozess dient dazu, eingehende Schadensmeldungen zu registrieren und wenn nötig an den jeweilig betreffenden Hausmeister weiterzuleiten oder eine Firma mit der Reparatur zu beauftragen.

In der unbearbeiteten Version dieses Geschäftsprozesses wurden die Daten zu dem Objekt des Schadensfalles und zur Mietpartei von Hand in das bestehende Formular aufgenommen.
In unserer neu gestalteten Formularoberfläche kann der aufnehmende Sachbearbeiter nun aus Drop – Down Menüs auswählen. Wir haben uns bei der Bearbeitung des Formulars für Drop–Down Menüs entschieden, um das Formular übersichtlich zu gestalten und um den Mitarbeitern eine eindeutige Auswahl aus den jeweils zur Verfügung stehenden Datensätzen zu ermöglichen. Die Auswahl ist daher eindeutig, da nach der Wahl eines Objektes, zum Beispiel des Ortes, dieses ausgewählte Objekt im sichtbaren Feld als einziges stehen bleibt. Der Sachbearbeiter weiß dann sofort, ob er die richtige Auswahl getroffen hat.

Zur Veranschaulichung einer Auswahl über Drop – Down Menüs sollen folgende Abbildungen dienen.

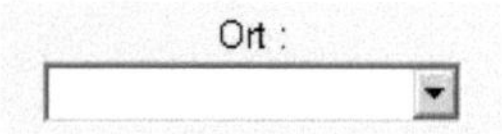

Abb.1

In der Ausgangsposition ist das Feld für den Ortsnamen noch leer.

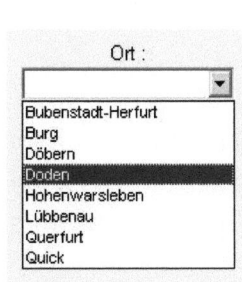

Abb. 2

Nun kann ein Ort per Maus ausgewählt werden. Die angebotenen Orte sind in der Datenbank des Unternehmens gespeichert. Es kann also nur ein Ort ausgewählt werden, der in der Datenbank vorhanden ist. Dadurch werden Programmabbrüche durch Tippfehler vermieden.

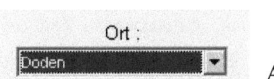 Abb. 3

Wenn der entsprechende Ort ausgewählt wurde schließt sich das Auswahlmenü und der gewünschte Ort erscheint im Feld für den Ortsnamen.

4. Warum die Entwicklung einer Schnittstelle?

4.1 Nutzengewinn für das Unternehmen

Die Firma A, von der wir die Aufgabenstellung für unser Projekt erhielten, hat ihren Hauptsitz in B. A beschäftigt sich ausschließlich mit der Verwaltung von Häusern und Immobilien, daher ist es besonders wichtig für dieses Unternehmen Geschäftsprozesse in der Verwaltung zu optimieren, um ein effizientes Arbeiten zu ermöglichen. Durch das Einfügen einer Schnittstelle in die Power – Work - Formulare werden bei der Bearbeitung von unterschiedlichsten Geschäftsprozessen mehrere Vorteile erzielt. In Anbetracht des enormen Kostenaufwandes in der Verwaltung und den damit verbundenen negativen Auswirkungen auf die Wettbewerbsfähigkeit, zählt eine effiziente Verwaltung zu einem der wichtigsten Produktivitätsfaktoren der Wirtschaft. Um die Wettbewerbsfähigkeit zu stärken und Arbeitsplätze zu sichern, muss sich das Unternehmen auf Gewinn ausrichten. Unnötiger Arbeitsaufwand ist daher zu vermeiden. Drop – Down – Menüs ermöglichen eine einfache Auswahl von Angaben, daduch wird Zeit bei der Eingabe gespart und damit kommt es auch zu einer Kostenersparnis für das Unternehmen.

Außerdem können nur Daten ausgewählt werden die in der Datenbank vorhanden sind, d.h. es kommt nicht zu falschen Eingaben, z.B. durch Tippfehler. Es sind auch zahlreiche andere Möglichkeiten für die Ergänzung der Formulare denkbar, z.B. ein Button, um alle Daten des Formulars zu löschen. Die verbesserte Handhabung der Formulare wirkt sich motivierend auf die Mitarbeiter aus und damit auch positiv auf den Unternehmenserfolg. Da meist mehrere Personen an einem Geschäftsprozess mit mehreren Formularen arbeiten, profitieren diese alle von einem schnelleren Informationsfluss innerhalb des Unternehmens. Je schneller und reibungsloser, je ungehinderter die Kommunikation innerhalb des Unternehmens fließen kann, um so geringer sind die administrativen Kosten. Optimaler Kundenservice ist das Aushängeschild eines Unternehmens. Dazu trägt auch die Verbesserung der Power – Work – Formulare durch eine verkürzte Bearbeitungsdauer und durch die Verringerung der Fehlerwahrscheinlichkeit bei. Die Kundenzufriedenheit und die Wettbewerbsfähigkeit des Unternehmens werden dadurch erhöht.

4.2 Optimierung eines Geschäftsprozesses in PowerWork

Nun kommen wir zu der Anwendung der Schnittstelle in einem Power Work Formular. Wie unter 3.2 bereits erwähnt, haben wir uns für die Bearbeitung des Geschäftsprozesses "Schadensmeldung" entschieden.

In Abbildung 4 ist das alte Formular zu sehen. In diesem musste die Sachbearbeiterin Name, Adresse und Telefonnummer der betreffenden Person über die Tastatur eingeben.

Die korrekte Eingabe der Daten ist sehr wichtig weil mehrere Personen mit diesem Formular arbeiten. Da ein Schaden fast immer per Telefon gemeldet wird, kann es zu Verständigungsproblemen und Missverständnissen kommen. Dies hätte dann negative Auswirkungen bei der Weiterbearbeitung des Schadensfalles. So kann z.B. bei einer falschen Hausnummer oder bei der Eingabe des falschen Namen der betroffene Mieter nicht ausfindig gemacht werden und der Schaden kann nicht behoben werden. Bei Beauftragung einer Fremdfirma verursacht dies außerdem noch Kosten für das Unternehmen. Außerdem wirkt sich die Verzögerung der Reparatur schlecht auf die Zufriedenheit des Mieters bzw. des Kunden aus. Um diese Fehler von vornherein zu vermeiden und um den Komfort für die Sachbearbeiterin zu erhöhen, haben wir dieses Formular wie folgt verändert.

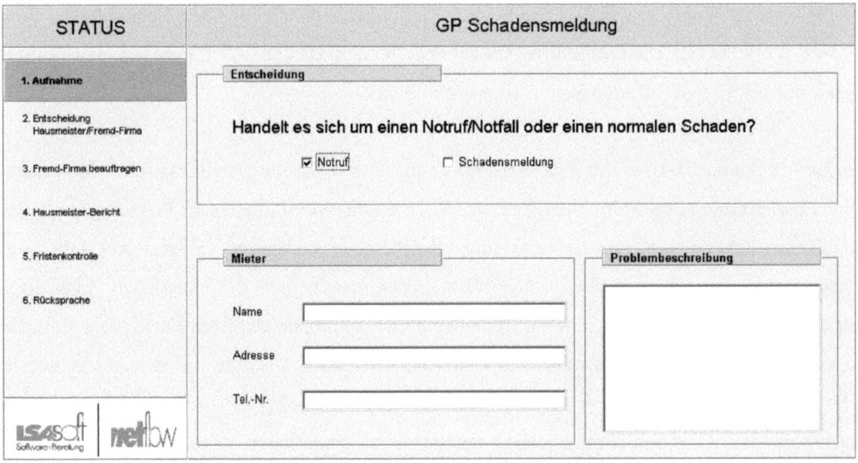

Abb. 4

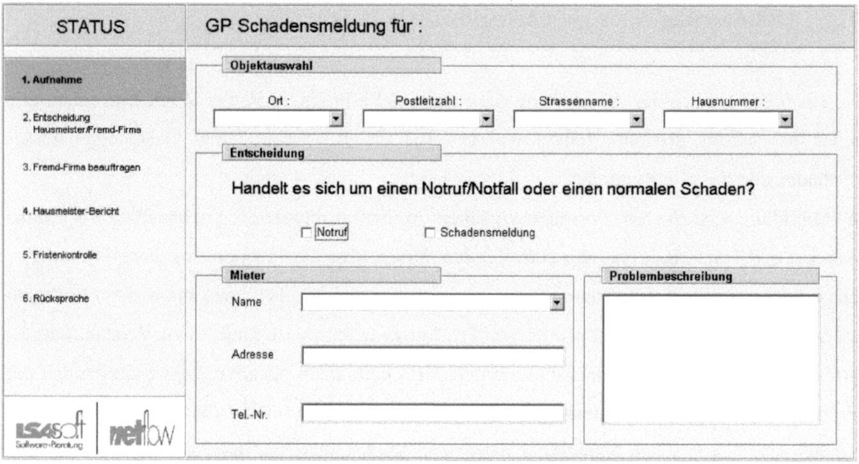

Abb. 5

Die Abbildung 5 zeigt das von uns optimierte Formular.

Dort können nun über unterschiedliche Drop – Down Menüs die gewünschten Einträge per Mausklick ausgewählt werden. Die dazu notwendigen Daten werden aus einer SQL – Datenbank entnommen.

Dafür wird im Visual Basic Quellcode eine Verbindung, über eine ADO Schnittstelle, vom Power Work zu der entsprechenden Datenbank für den Datentransfer geöffnet. Es können daher nur bestehende Informationen eingetragen werden.

In der Abbildung 6 ist die Auswahl eines Ortes aus einer Liste dargestellt. Anschließend muss die Postleitzahl ausgewählt werden, da in Städten meist mehrere Postleitzahlen für unterschiedliche Strassen vergeben sind. Allerdings erscheinen in der Auswahl nur Postleitzahlen zu dem vorher ausgewählten Ort. Auch bei der folgenden Liste der Straßennamen stehen nur Namen mit der entsprechenden Postleitzahl zur Verfügung. Bei den anschließenden Hausnummern verhält es sich natürlich auch so. Zum verbesserten Komfort gehört auch, dass bei einer Korrektur einer falschen Auswahl, z.B. der Postleitzahl, alle nachfolgenden Auswahlfelder in denen bereits etwas eingetragen ist, automatisch gelöscht werden.

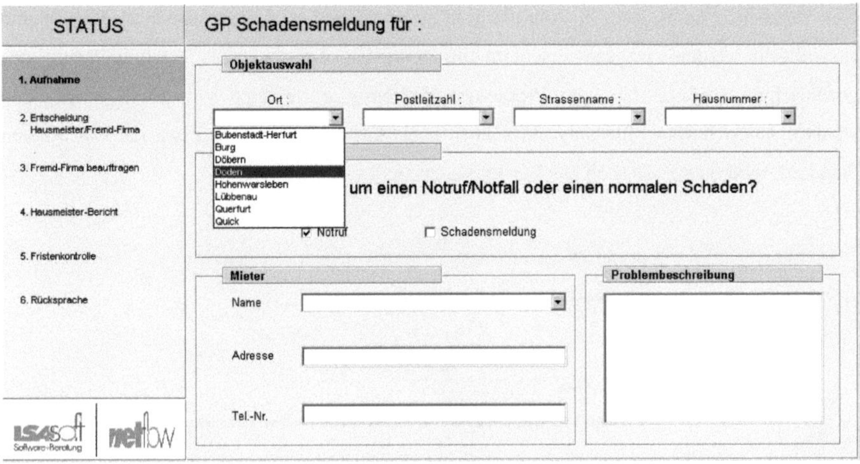

STATUS — GP Schadensmeldung für :

Objektauswahl
Ort : Postleitzahl : Strassenname : Hausnummer :

Bubenstadt-Herfurt
Burg
Döbern
Doden
Hohenwarsleben
Lübbenau
Querfurt
Quick

... um einen Notruf/Notfall oder einen normalen Schaden?

☑ Notruf   ☐ Schadensmeldung

1. Aufnahme
2. Entscheidung Hausmeister/Fremd-Firma
3. Fremd-Firma beauftragen
4. Hausmeister-Bericht
5. Fristenkontrolle
6. Rücksprache

Mieter
Name
Adresse
Tel.-Nr.

Problembeschreibung

LSASoft Software-Beratung — netflow

Abb. 6

Nachdem alle Angaben für die Adresse des betroffenen Objektes ausgewählt wurden, wird diese, wie in Abbildung 7 zu sehen, automatisch in den Kopf des Formulars übernommen. Dadurch ist auch in den nachfolgenden Formularen schnell zu sehen, um welches Objekt es sich handelt.

Gleichzeitig wird die Adresse auch noch in das Adressfeld des Mieters eingetragen.

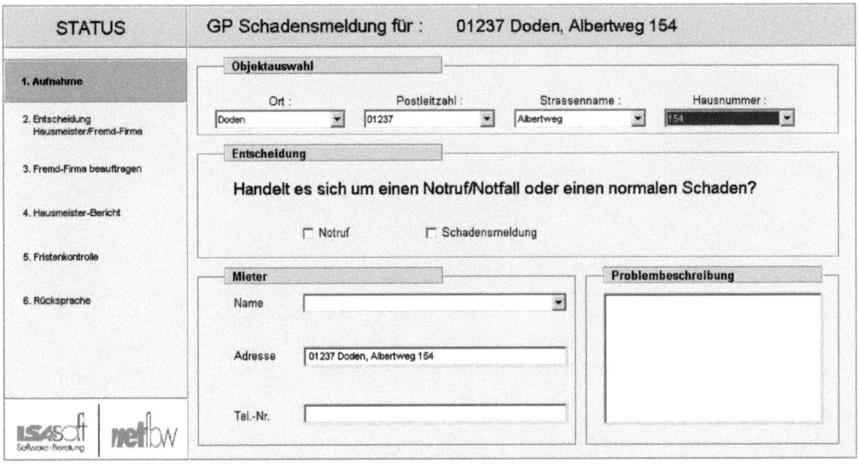

STATUS — GP Schadensmeldung für :   01237 Doden, Albertweg 154

Objektauswahl
Ort : Postleitzahl : Strassenname : Hausnummer :
Doden   01237   Albertweg   154

Entscheidung
Handelt es sich um einen Notruf/Notfall oder einen normalen Schaden?

☐ Notruf   ☐ Schadensmeldung

1. Aufnahme
2. Entscheidung Hausmeister/Fremd-Firma
3. Fremd-Firma beauftragen
4. Hausmeister-Bericht
5. Fristenkontrolle
6. Rücksprache

Mieter
Name
Adresse   01237 Doden, Albertweg 154
Tel.-Nr.

Problembeschreibung

LSASoft Software-Beratung — netflow

Abb. 7

Nun muss nur noch, wie in Abbildung 8 gezeigt wird, der entsprechende Mietername ausgewählt werden. Danach erscheint im untersten Textfeld die Telefonnummer des gewünschten Mieters. Nur die Problembeschreibung muss noch von Hand eingegeben werden, möglich wäre allerdings hier auch eine Auswahl aus einer Liste mit bestimmten Standardproblemen zusätzlich zur Verfügung zu stellen.

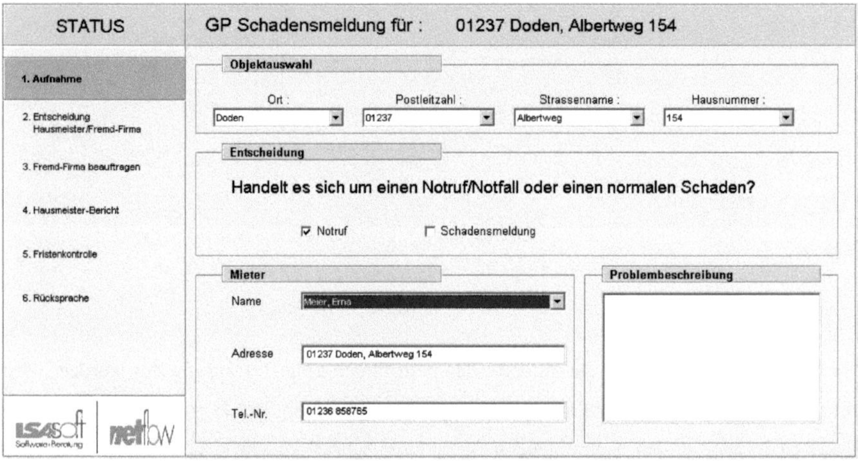

Abb. 8